Il ne nous reste qu'à passer prendre les copines…
… et on file à la soirée !
À suivre…

LES ÉNIGMES DE LÉA

TOME 1

Dessins
Thierry Nouveau

Scénario
Philippe Larbier

Couleurs
Laurence Croix

BAMBOO ÉDITION

Dédicace pour Monsieur Bouju,
Merci pour les trois inoubliables années de classe primaire durant lesquelles vous avez été mon maître d'école. Au-delà de tout ce que vous nous avez appris, je garde une affection toute particulière pour votre passion pour la nature et les animaux. Passion que vous avez su si bien me léguer. Je n'oublierai jamais, Pierre, la ménagerie que nous avions en classe : dytiques, grenouilles, couleuvres, tritons et furets !
Chaque matin, nous nous occupions de nos pensionnaires.
Une chouette saison de ma vie.

Thierry

Un grand merci à Lisette.

Les auteurs

PREMIÈRE ÉDITION - Dépôt légal : janvier 2020 - ISBN : 978-2-8189-7655-5
Imprimé et relié en France par PPO Graphic, 91120 Palaiseau

Pour être alerté de la sortie du prochain album, rendez-vous sur **www.bamboo.fr/alerte-nouveaute**

PEFC 10-31-1800 / Certifié PEFC / Ce produit est issu de forêts gérées durablement et de sources contrôlées / pefc-france.org

Regarde, Léa ! Quelqu'un vient juste de déposer une lettre dans mon bateau !
?!
Qui a bien pu faire ça, Clem ?
Je n'en sais rien ! En tout cas, l'enveloppe est jolie !
Allez, j'enlève le ruban et je l'ouvre !
Je te parie qu'il s'agit d'une lettre de ton amoureux !
Alors ? Alors ? Alors ?
Tu as raison, mais le mot n'est pas signé !
je t'aime Clem
Les romantiques sont des garçons timides !
J'en connais trois ! Ils sont tombés de leur skate si souvent qu'ils ont passé leurs vacances chez le médecin !
Wouaf !
SKATE PARK
CALIFORNIA
Comment savoir lequel des trois m'a adressé ce mot ?
C'est bon, Clem ! Moi, je sais !
Léa est décidement très perspicace ! Et toi, tu as deviné qui a écrit la lettre d'amour ?

Solution : Le garçon avec le plâtre au bras n'aurait jamais pu faire le noeud sur l'enveloppe, tandis que celui à la béquille n'aurait pas pu aller dans l'eau pour la déposer dans le canot. L'amoureux mystérieux est donc le garçon au bandeau sur la tête !

"Le mag de Léa"
Journal du collège
Vous avez été témoin d'un cambriolage chez vous ? J'arrive !
Ça alors ? ! Qu'est-ce que vous dites ?
Léa, pourquoi tu pars si vite ?
J'ai un scoop ! À plus !
C'est ici qu'il y a eu un vol ?
Léa ! Tu es arrivée avant la police ! Tu as été rapide ! Suis-moi...
... Je vais te montrer la pièce où tout s'est passé. C'est au deuxième étage !
Regarde... C'est quand je suis remonté de la cave que j'ai surpris un type masqué en train décrocher deux toiles de grande valeur. Heureusement que je les ai fait assurer.
On voit encore les traces des cadres !
J'ai juste eu le temps de le voir sauter par la fenêtre et filer avec un tableau sous chacun de ses bras ! Snif ! Snif !
Je note...
C'est génial ! Je vais écrire sur une escroquerie à l'assurance !
Gloups !
Léa est observatrice ! Et toi, as-tu remarqué les deux indices qui trahissent notre bonhomme ?
?

Solution : Comment le cambrioleur a-t-il pu sauter du deuxième étage sans se faire mal ? De plus, comment peut-on courir avec un aussi grand tableau sous le bras ? Le collectionneur a donc menti !

Qu'est-ce qu'il s'est passé ici, Marion ?
Regarde, Léa, tout mon devoir d'anglais est déchiré et trempé !
Plof !
Plof !
Je suis sûre que c'est mon frère qui a mis ce tabouret là pour entrer dans ma chambre et jeter dehors tout mon travail !
!
Pourquoi as-tu fait ça, Max ?
Ce monstre me déteste et il veut me rendre dingue !
Heu...
C'est pas vrai du tout ! Et pourquoi je serais passé par la fenêtre, d'abord ?!
Parce que je la laisse toujours entrouverte alors que je ferme ma porte à clef !
Léa, je te jure que je n'y suis pour rien, cette fois !
Pfff !
Hum...
C'est une catastrophe, je dois rendre mon devoir demain...
Dis, Léa, tu veux bien m'aider à le refaire ce soir ?
Tu aurais pu trouver un autre moyen pour que je te donne un coup de main, Marion !
Pourquoi Léa ne croit pas à la version de Marion mais pense plutôt à une mise en scène ?

Solution : Il est évident que c'est Marion qui a installé elle-même le tabouret après avoir jeté par la fenêtre son devoir d'anglais pour accuser son frère. Sinon, comment un des morceaux déchirés a-t-il pu se coincer sous le pied du tabouret ?

Tu as réussi à faire l'exercice de maths à rendre ce matin, Léa ?
Bien sûr, Mattéo !
C'était facile !
Trop facile, c'est certain...
Et tu as trouvé quel résultat ?
MIAAW
Je ne veux pas te le dire... Oh ! Écoute !
Ça, c'est le miaulement d'un chat coincé en haut d'un arbre !
MIAAW
Ces branches sont si feuillues qu'on n'y voit rien...
Fais attention à toi...
MIAAW
Ah ! Le voilà !
N'aie pas peur, petit minou...
Ça se passe bien, là-haut ?
Ça y est ! Je l'ai attrapé ! J'en ai pour deux minutes à redescendre...
Ne bouge pas, minou !
Miao ?
Miao !
Regarde, on est presque arrivé en bas !
Ah, ah, ah ! Il n'est pas près de remonter sur un arbre, celui-là !
J'en suis sûre, Mattéo !
Bizz !
... Tout comme je suis sûre que tu auras trouvé le même résultat que moi à ton exercice de maths !
... Pour... Pourquoi tu dis ça, Léa ?
Comment Léa peut-elle être aussi catégorique ?

Solution : On peut constater qu'entre la troisième vignette et la sixième vignette, la boucle du sac de Léa a changé de cran. Pendant qu'elle était dans l'arbre, Mattéo en a donc profité pour ouvrir son cartable et regarder les devoirs de sa camarade. On comprend la colère de notre amie !

Ça y est ! On est les premières arrivées à l'arbre creux !
Les filles sont toujours les plus fortes, Clem !
Tiens, on a perdu Mattéo !
Il ne nous a jamais dépassées depuis le début de la course !
On l'attendra en préparant le pique-nique !
N'empêche, je commence à être inquiète... Il a déjà 5 minutes de retard sur nous...
Sois cool, Clem ! Le voilà notre champion !
Pfff !
Pfff !
Pfff !
Mattéo, il faudra t'entraîner davantage si tu veux nous accompagner à vélo !
Hi ! Hi ! Hi !
Pfff !
Tu ne devineras jamais ce qu'il m'est arrivé, Léa !
J'ai crevé à 2 kilomètres d'ici et j'ai dû réparer ma roue tout seul !
Mince !
Et nous qui pensions que tu avais du mal à suivre notre rythme...
Vous rigolez? Sans cet incident, je serais arrivé à l'arbre creux bien avant vous !
Allez...
On va faire comme si on te croyait, Mattéo et on va commencer à manger !
?
Aïe ! Léa ne m'a pas cru !
Léa est très forte à la course, mais elle est encore plus forte en observation. Et toi, tu as trouvé pourquoi Mattéo a menti ?

Solution : Léa a bien vu que Mattéo n'a pas de pompe à vélo. Comment a-t-il pu, dans ces conditions, regonfler son pneu crevé ?

C'est gentil à toi, Léa, de m'avoir accompagnée dans cette galerie d'art !
COMIC ZONE
カラオケ
C'est un plaisir ! J'adore l'art contemporain, ma petite maman !
Je peux vous aider ?
133 €
33697 €
7171 €
19 €
ROCK
J'aimerais acheter un tableau pas trop cher...
Alors je vous conseille d'investir dans du Stédo, Madame, ce grand peintre disparu dans le naufrage du Titanic !
Heureusement qu'il nous reste ses œuvres ! Vous pouvez apprécier cette nature morte qu'il a réalisée à l'âge de 30 ans !
Stedo 1897
791347,50 €
...
L'artiste voulait aussi témoigner de son époque ! Cette toile représente une famille devant le poste de télévision !
Quelle sensibilité !
Stedo
37654,10 €
... Et voici la plus belle pièce ! Un autoportrait alors qu'il connaissait la misère à Paris... À ce prix, c'est donné !
Stedo 1906
864781,20 €
Mais si vous ne voulez pas casser votre tirelire, que dites-vous de cette œuvre de jeunesse ?
10 000 € !
CHIPS
21931 €
Ph Larbier
Stédo 6 ans
Vous prenez celui-là ? Je vous l'emballe ?
Tu en penses quoi, Léa ?
Je ne sais pas si Stédo est un grand peintre, mais je sais que ce vendeur est un filou !
Pourquoi Léa est-elle si méfiante envers ce marchand d'art ?

Solution : Si Stédo a péri dans le naufrage du Titanic (qui a eu lieu en 1912), comment a-t-il pu peindre une famille devant un poste de télévision ? La télévision est apparue dans les années 1950, soit 40 ans après la mort de l'artiste. C'est donc un faux !

Alors, ça mord, oncle Riton ?
Ma petite Léa, je peux te dire que tu vas manger du poisson ce soir ! Mon filet est déjà plein de perches !
Regarde ça !
Ça prouve que l'eau de la rivière est propre !
Un petit goujon !
Celui-là est trop jeune !
Sauve-toi ! Je t'attraperai quand tu seras grand !
Allez, je range ma canne ! La pêche a été bonne !
Je vais voir Mattéo ! Il m'a demandé de le rejoindre en bas du pont...
Alors, ça mord, Mattéo ?
Salut, Léa ! Tu ne devineras jamais ce que j'ai attrapé tout à l'heure !
Ça alors, une morue !
Il m'a fallu 10 minutes pour la sortir de l'eau !
En tout cas, cette prise a dû te coûter cher à la poissonnerie du village !
C'est clair ! J'arriverai jamais à l'épater !
Ça alors ! Comment Léa sait-elle que Mattéo n'a pas pu pêcher cette morue ?

Solution : Les perches et les goujons sont bien des poissons d'eau douce, mais la morue est quant à elle, un poisson de mer. Comment Mattéo a-t-il pu la pêcher dans la rivière ?

SALLE A5
Arts Plastiques
SALLE
SALLE A6
Musique
SALLE
SALLE A7
Danse
SALLE
SALLE A8
SALLE A9
Que fais-tu dans cette tenue, Milo ?
Tu viens t'entrainer avec moi au basket, Léa ?
SPOF!
Je peux laisser mon sac sur ce banc, Tatiana ?
Pas de problème ! Je ne bouge pas d'ici ! Mon roman policier est trop palpitant !
SALLE A13 - BASKET
Allez, on y va Milo !
Pour toi, je vais jouer doucement !
SPOF!
SPOF!
30 minutes plus tard...
Tu... tu ne m'avais pas dit que tu étais une pro du basket...
Je ne le savais pas non plus, Milo !
SPOF!
SPOF!
J'te remercie d'avoir gardé mon sac, Tatiana !
Vous êtes de retour ?! Avec mon roman, je n'ai pas vu le temps passer !
SPOF!
Oh ! Mon portable n'a déjà plus de batterie ! Quelqu'un s'en est servi pendant mon absence !!!
Ce n'est pas moi ! Je n'ai pas quitté mon livre !
Allons, je sais que tu as utilisé mon téléphone au lieu de lire ton roman !
Je suis désolée, Léa ! Je n'avais plus de forfait sur le mien !
...
...
Ça alors ! Léa a un sixième sens !
Le sixième sens de Léa s'appelle le sens de l'observation !... Et toi, qu'as-tu remarqué ?

Solution : Dans la cinquième case, on peut constater que Tatiana tient son livre à l'envers (l'étiquette n'est pas sur la couverture). Il est clair qu'elle a repris précipitamment son roman dès qu'elle a vu ses amis revenir, après avoir remis le téléphone dans le sac de Léa.

Léa, je soupçonne mon frère d'ouvrir mon courrier avant de me le donner...
... Mais je n'ai aucune preuve !
Oh !
Be cool, Marion ! Je vais t'aider à le confondre !
D'abord, je vais écrire un petit mot sur une carte postale...
LIBRAIRIE
Puis la glisser dans une enveloppe timbrée établie à ton nom...
LIBRAIRIE
... Et il ne nous reste plus qu'à attendre demain matin !
Marion NOUE
2 rue St Louis
35700 RENNES
Merci, Léa !
LA POSTE
Et le lendemain matin...
Marion, il y a une lettre pour toi...
Qui a bien pu m'écrire ?
Laisse-moi ouvrir l'enveloppe, Marion !
Et si on laissait Max lire la carte ?
Bonne idée !
Ben alors, c'est une blague ? ...
Marion, je suis amoureuse de ton frère. Léa
Ne te fais pas d'illusions, Max !
Qu'est-ce que ça veut dire ?
Ça veut juste dire que maintenant, j'ai la preuve que tu lis le courrier de ta sœur !

Léa est trop ingénieuse ! Comment a-t-elle procédé pour accuser Max ?

Solution : Léa n'entre pas la carte postale dans l'enveloppe (case 3) du même côté qu'elle la sort le lendemain (case 7). Max a donc forcément ouvert le courrier de sa sœur entre-temps.

Hello ! Toi aussi, tu veux entrer comme journaliste d'enquête dans le journal de mon école ? Chouette !
“Le mag de Léa” Journal du collège
Mais pour cela, il te faut de...
... L'observation
Combien y a-t-il de triangles dans cette figure ?
1
1 2 3 4 5 6 7 8 9 10
Trois de ces pièces sont semblables. Ouvre grand tes yeux !
2
A B C D E F G H I J
1 2 3 4 5 6 7
Quelle est la case où se trouve une clef placée en-dessous d'une empreinte, au-dessus d'un cadenas et entre deux étoiles ?
3
... La logique
A B C D
Parmi ces quatre dés, trouve celui qui est identique au modèle déplié.
4
1 2 3 4 5 6 7 8 9
Dans quel ordre les crayons ont-ils été posés sur la table ?
5

… La patience

6

Commence par rayer les lettres en triple, puis classe les bulles de la plus petite à la plus grande et tu découvriras le nom de mon détective préféré.

7

Deux badges sont identiques. À toi de les retrouver !

… La mémoire

8

Regarde 5 minutes cette liste d'objets et renomme-les en fermant les yeux. C'est parti !

9

En partant de la flèche et en continuant case après case, tout en assemblant les lettres croisées au passage, tu vas former une petite phrase qui te fera plaisir.

Tu te rends compte de notre chance d'avoir été invitées à cette soirée, Léa ?
Waouh ! C'est chic, ici !
Un jus d'orange, s'il vous plaît !
Les femmes ont mis leur plus belle robe !
Toi aussi, tu es élégante, maman !
Je n'ai pas des bijoux aussi chers !
RRRRRR
Peut-être, mais c'est toi la plus belle de la fête !
... Et toi, tu es la plus gentille fille du monde !
Oh, j'entends de la musique !... On va danser...
Attends, maman !
Je viens de constater un vol dans cette salle !
Que veux-tu dire, Léa?
Je n'ai rien remarqué ! Tu sais qui est l'escroc ?
Je sais même qui est la victime !

Léa a vraiment les yeux partout ! Qu'a-t-elle observé ?

Solution : On peut constater que le collier de la fille à la robe bleue (à droite de la première case) apparaît quelques instants après, au cou de la fille à la robe orange (à gauche de la quatrième case). Il y a donc eu substitution !

Ça y est, j'ai mis la photo dédicacée de Justin Bibeurre dans un cadre !
On va pouvoir l'offrir à Léa à la fin de la journée !
En attendant, va le cacher dans ton casier, Mattéo !
J'y cours !
CLING CLANG
Le pauvre ! Tu es tombé... Tu n'as rien ?
J'ai entendu du bruit de verre ! Que s'est-il passé, Mattéo ?
Escalier C
Heu... Je viens juste de me faire renverser par un collégien...
Il est arrivé par derrière et il a filé par cette porte !
Escalier C
Ça a été si vite que je n'ai pas eu le temps de le reconnaître...
Wouaah ! Une photo de mon chanteur préféré, dédicacée !
Ouf ! La photo n'est pas abîmée ! On voulait justement t'offrir ce cadre, Léa !
Vous êtes trop choux, tous les deux... Il faut que je vous embrasse !
... Et toi, Mattéo, ce n'était pas la peine de me raconter cette histoire de bousculade ! L'essentiel, c'est que tu ne te sois pas fait de mal !
Mince ! Elle ne m'a pas cru !
Biz !
Comment Léa a-t-elle deviné que Mattéo n'a pas dit la vérité ?

Solution : Mattéo n'a pas pu être bousculé par un élève qui aurait emprunté l'escalier C, car un morceau de verre du cadre est encore posé sur le bas de la porte. Elle n'a donc pas pu être ouverte après la chute de notre ami.

Ce que j'aime le plus dans la forêt, c'est le silence...
Et moi, ce sont les bruits des animaux.
Coucou !
Justement ! Écoute le chant du coucou !
?
CRAAA
ATTENTION, Mattéo !
SPLATCHH
CRAAAAAAC
Léa, tu viens de me sauver la vie !
J'en ai profité pour sauver la mienne aussi !
Ouf ! Vous n'avez rien, les enfants ! Un des bûcherons a dû partir déjeuner avant d'avoir fini de couper son arbre !
En tout cas, je ne ferais jamais une erreur pareille !
Qui a fait ça alors ?
?
Ce n'est pas moi ! Je n'ai pas quitté mon bouleau !
Nous ne sommes que trois à travailler ici ! C'est forcément l'un d'entre nous !
Allons, n'en faisons pas toute une histoire ! Il y a eu plus de peur que de mal après tout !
Toi, tu sais qui a laissé tomber cet arbre !
!
!
?
Bien sûr, Léa a tout deviné... Et toi ?

Solution : Une scie ou une tronçonneuse ne feraient pas une taille en pointe sur le tronc comme on peut le voir case 3. Le bûcheron "distrait" est donc celui à la hache.

C'est très gentil à toi de garder mes enfants ce mercredi après-midi, Léa !
J'adore le baby-sitting !
Je reviens en début de soirée ! Bon courage avec mes petits diables !
Je vais leur faire faire leurs devoirs, madame Vodarzac !
... Alors, vous savez ce qu'il vous reste à faire avant d'aller jouer dehors ?
Léa, on aimerait être seuls pour faire nos leçons !
C'est mieux pour se concentrer...
Pas de problème ! Je vous laisse à vos leçons ! Je vais réviser les miennes dans le salon !
Une heure plus tard...
Je ne vous ai pas entendus ! Vous avez bien travaillé ?
On n'a pas quitté nos livres d'histoire...
... Et de géographie ! On peut sortir maintenant ?
Je vous conseille plutôt de passer encore une heure dans vos livres !
... Et cette fois, je reste à côté de vous !
Comment Léa a-t-elle su que les enfants n'avaient pas travaillé ?

Solution : Léa a compris que les enfants sont sortis pour jouer dehors, car elle a vu que la poignée de la fenêtre a été bougée entre la troisième et la septième case et que le ballon est passé derrière l'arbre.

Tes parents sont vraiment cool de nous laisser camper dans leur jardin !
Ils savent qu'avec toi, on ne risque rien, Léa !
Je me demande ce que fait ton frère à cette heure, Clem...
Je suis sûre que Jérémy dort à poings fermés...
Les filles ! Les filles !
Qu'est-ce qui se passe ? Tu as vu un fantôme dans ta chambre ?
Mieux que ça ! J'ai vu une soucoupe volante dans le ciel !
Tu as rêvé, Jérémy ?
Pas du tout ! Elle est apparue devant moi quand j'ai voulu fermer les volets...
Toi, tu veux encore faire ton intéressant !
Si vous ne me croyez pas, vous ferez confiance à mon téléphone !
Croc ! Croc !
L'image est floue !
J'ai eu juste le temps de photographier l'OVNI avant qu'il ne disparaisse dans la nuit !
Si tu veux mon avis, trouve autre chose pour nous faire croire aux martiens !
Mince ! Comment a-t-elle deviné qu'il s'agit d'un photo-montage ?
Quel détail a trahi Jérémy ?

Solution : Le croissant de lune sur la photo n'est pas le même que celui de la troisième et de la septième case. Jérémy a donc menti quand il prétend avoir pris le cliché dans la nuit. Il s'agit, sans aucun doute, d'un habile photomontage.

Il n'y a pas mieux qu'un petit jogging pour être en forme toute la journée !
Je suis d'accord avec toi, Léa !
Love
MARION
interdit aux garçons
Tu as un souci, Marion ?
Oui ! Mon frère ! Regarde, il a ouvert mon journal intime ! Il était dans ce tiroir quand nous sommes parties courir et là, il est sur mon lit !
Il suffit que je ne ferme pas ma chambre à clef pour que ce débile fouille dans mes affaires !
!
Sors d'ici, Max ! Je sais que tu es dans la salle de bains...
Oui... Oui... J'ouvre...
?
BOM ! BOM !
Je peux savoir ce que tu as fait depuis une demi-heure ?
Ça ne se voit pas ? Je sors juste de mon bain !
Pourquoi me demandes-tu ça, Marion ?
Tsss... Tsss... Tu le sais très bien, Max !
Comment Léa a-t-elle deviné que Max a menti... Et que c'est donc lui qui a ouvert le journal intime de sa sœur ?

Solution : Si Max était sorti de la baignoire, comme il l'affirme, le niveau de l'eau serait beaucoup plus bas. Il a donc menti et il est bien entré dans la chambre de sa sœur.

J'aime bien me promener le dimanche soir dans mon quartier ! Tout a l'air calme...
Léa, tu tombes bien ! Je vais avoir besoin de toi !
?
Que se passe-t-il, monsieur Grenon ?
J'ai été cambriolé ce week-end !
Zut ! Et qu'est-ce qu'on vous a dérobé ?
Mes timbres, Léa ! Tous mes timbres ont disparu !
Ouf ! Ce n'est pas si grave que ça alors...
Tu rigoles ? Ma collection est d'une valeur inestimable !
Allez, entre, je vais te montrer comment le voleur a procédé...
Regarde, il est entré par ce soupirail et il est sorti avec son butin par cette même ouverture !
Pour ouvrir la petite fenêtre, il a brisé le carreau avec cette pierre !
Avec tout ce verre, il a dû se couper...
C'est une catastrophe ! Il m'a fallu des années pour réunir tous ces timbres rares !
Qui savait que vous possédiez cette collection ?
Cette affaire va me rendre **timbré** !
Il n'y a que 3 personnes qui étaient au courant ! Je viens justement de leur demander de venir...
... Et nous sommes là, monsieur Grenon !

Je sais que l'un d'entre vous est entré chez moi pour me voler ma collection de timbres !
C'est un comble ! C'est pour nous dire ça que vous nous avez appelés ?
C'est un scandale !
Un outrage !
Ce n'est pas parce que nous sommes philatélistes que nous avons à voir avec votre histoire !
Nous verrons bien ! Je laisse Léa faire son enquête !
Je peux savoir ce que vous avez fait ce week-end ?
En ce qui me concerne, je n'ai pas bougé de chez moi, pour bricoler...
Hmmm...
... D'ailleurs, je me suis tapé sur le doigt avec mon marteau ! **Aïe** !
Ça a dû faire mal !
Moi aussi, je suis resté chez moi et j'en ai profité pour tailler mes rosiers...
Je vois que les épines ont déchiré votre chemise...
Ah oui, tiens !
Quant à moi, j'ai reçu des amis aujourd'hui alors j'ai passé mon samedi à préparer la cuisine ! Regardez, je me suis même coupé avec mon couteau !
Monsieur Grenon, je peux maintenant vous dire qui est le voleur !
Léa, je savais que je pouvais compter sur toi !
...
...
...
Et toi, tu as deviné comment le cambrioleur s'est trahi ?

Solution : Seul un gaucher a pu briser le carreau pour ouvrir la petite fenêtre pour pouvoir manipuler la poignée de l'extérieur. Il ne s'agit donc pas du suspect blessé à la main droite (à cause d'un couteau qu'il tenait forcément de la main droite), ni du gros personnage qui n'avait pas pu entrer. Il ne reste plus que celui qui s'est cogné avec un marteau (qu'il tenait de la main gauche).

Léa, tu tombes à pic ! On vient de me faucher une statuette maya dans mon magasin !
Mince !
Trace de yéti
Vous avez remarqué des clients suspects ?
Il y a deux personnes qui sont sorties à l'instant avec des gros sacs...
Ils ne doivent pas être bien loin...
Je cours à leur rencontre...
Antiquités
EXPO
Les voilà !
Arrêtez-vous, messieurs !
Qui c'est, celle-là ?
?
Je suis pressé, mademoiselle, j'ai un train à prendre !
SPORT
Je sais que vous sortez de chez l'antiquaire. Il y a eu, à l'instant, un vol de statuette et je veux savoir ce qu'il y a dans vos sacs...
Un vol ?
Qu'est-ce que ça veut dire ? Je ne suis au courant de rien...
Moi non plus.
De toute façon, je n'aime pas l'art maya ! Je préfère les masques africains !
Tant qu'il n'y aura aucune preuve contre moi, je n'ouvrirai pas mon sac !
Hmm...
SPORT
Je crois que j'ai ma preuve ! Je sais qui est le coupable !
... Et aussi qui est innocent !
As-tu trouvé le même indice que Léa ?

Solution : Le coupable est sûrement celui qui porte le sac de sport. Comment sait-il qu'il s'agit d'art "maya" alors que Léa n'en a rien dit ?

Ouf ! J'arrive juste à temps pour te souhaiter ton anniversaire, Léa !
C'est trop mignon d'être venu, Mattéo !
Bon Anniversaire
Attention au tapis !
Oups !
Trop tard !
BING
KRAAAK
Mince ! J'ai cassé ton cadeau... Un joli vase que je venais d'acheter...
Zut !
Aïe ! Aïe ! Aïe !
J'ai une idée, les amis ! Et si on reconstituait tous ensemble le vase ? Je sais qu'il y a de la colle dans le garage !
Yes !
C'est génial !
J'adore les puzzles !
Et voilà ! Il ne manque pas une pièce !
Ouf !
Tu vas pouvoir y mettre ce bouquet, Léa ! Hi ! Hi !
N'empêche, ce n'était pas utile de faire semblant de tomber, Mattéo ! Tu aurais pu me dire la vérité !
Aïe ! Léa a deviné que le vase était déjà brisé ! Gloups !
...
Et toi ? Tu as deviné ?

Solution : Le vase reconstitué est trop volumineux pour entrer dans le paquet-cadeau. Il était donc déjà cassé quand Mattéo l'a emballé pour Léa.

Les greniers sont des malles à trésors pour s'amuser à trouver des énigmes. À toi de jouer !
1
Lequel de ces six détails n'a pas été pris dans le grenier ?
A
B
C
D
E
F
2
Trouve les sept différences entre les deux portraits.
Avec les lettres "I", "J" et "K", on peut faire six combinaisons différentes. Quelle est celle qui manque ?
3
IJK
JIK
JKI
KJI
KIJ
?
4
Trouve au moins sept objets dans le dessin commençant par un "C".

À toi de retrouver ces dix éléments dissimulés dans cette scène.
5
Voici un tableau à des moments différents de sa réalisation. À toi de retouver l'ordre chronologique de sa finition.
6
A
B
C
D
E
Deux flèches sur cette affiche sont parallèles. Lesquelles ?
7
1 2 3 4 5 6 7 8 9 10 11 12 13 14 15 16 17 18 19
Combien manque-t-il de cases noires et de cases blanches sur ce jeu de dames ?
8
Tous les objets de la case de gauche se retrouvent dans la case de droite, à l'exception d'un seul. Lequel ?
9

... Et alors que j'étais en haut de l'arbre pour descendre le petit chaton, la branche a cédé et je suis tombé. C'est comme ça que je me suis foulé le bras...
Quel mec !
Je le kiffe !
Quelle classe !
?
Quel courage, ce Mattéo !
En fait, Léa, tu ne pourrais pas m'aider à faire mes devoirs ? Avec mon bras en écharpe, je ne peux pas écrire...
Tu peux compter sur moi.
Léa !
Clem m'appelle pour aller en cours...
Ça va commencer !
On se voit à la sortie des classes...
Le soir venu...
Où est Mattéo ? Je dois lui donner un coup de main.
Il y a beaucoup de monde...
... Ah si ! Je le vois !
Il est là !
Alors qu'est-ce que je peux faire pour toi, Mattéo ?
J'aimerais surtout que tu m'aides à faire mes maths...
C'est donc pour ça que tu as inventé cette histoire de chaton ?! ?
Mince ! Comment a-t-elle su ?
Pourquoi Léa ne croit-elle pas à l'accident de Mattéo ?

Solution : Manifestement Mattéo s'est foulé le bras droit (dans la première case) en tombant de l'arbre. Pourtant c'est son bras gauche qui est en écharpe (case 6). Il s'est donc trahi à la fin de la journée.

J'adore les pyjamas-parties !
On peut se raconter tous nos secrets et...
Chut ! J'ai l'impression qu'on nous écoute derrière la porte...
?
?
Qu'est-ce que tu fais là, Max ?
Marion
Tu ne devrais pas être dans ton lit ?
J'étais juste passé à la cuisine pour boire un verre... Là, je retournais dans ma chambre...
On veut voir ça !
Vous voyez bien que je dormais avant d'aller chercher de l'eau à l'évier...
C'est vrai que ton lit est défait !
Ça prouve que je n'écoutais pas à ta porte, Marion !
Moi, je pense que tu ne t'es pas encore couché !
!
Mince !
Comment Léa a-t-elle deviné que Max ne dormait pas ?
Z
ZZZ

Solution : Si Max était sorti de son lit comme il le dit l'oreiller serait sous le drap, non ?

Je t'ai pas dit que j'ai reçu plein de lettres d'amour d'un garçon ?
Crunch ! C'est vrai ?
Z
Je peux les voir, Léa ?
C'est gênant ! En plus, c'est un garçon de la classe !
Je te montrerai plus tard... En attendant, elles sont rangées !
Ça me donne soif, ton histoire !
Tu as raison, Tatiana ! Je vais préparer un chocolat !
Prends ton temps !
Un peu plus tard...
Le chocolat de Tatiana est prêt !
Whaou !
Léa
J'ouvre un autre paquet de gâteaux !
On parlait de quoi, déjà ?
Des lettres de ton amoureux...
Tu sais que tu devrais être plus patiente, Tatiana ?
!
Pourquoi Léa dit-elle cela à son amie ?

Solution : La clé du tiroir, à la tête du lit (première case), a changé de serrure dans la sixième case. Tatiana a donc essayé d'ouvrir le tiroir pendant l'absence de Léa.

Mattéo, tu viens faire une balade à bicyclette avec nous ?
Dommage, les filles ! J'en ai déjà fait ce matin et je viens juste de rentrer mon vélo !
Et je n'ai pas envie de le ressortir ! Ça n'a pas été facile de lui trouver une place dans la cabane de jardin !
Quel bazar, là-dedans !
Mon père veut que je range tout ça !
Mince !
Tu veux qu'on t'aide, Mattéo ?
J'ai mieux à proposer, Marion !
?
?
On fait un tour tous ensemble et, après, on t'aide à ranger ta cabane !
Mais... Il a roulé tout à l'heure !
Je suis sûre qu'il n'a pas pris son vélo, aujourd'hui !
C'est bon ! On part en balade, Léa !
?
Comment Léa a-t-elle deviné que Mattéo n'a pas fait de vélo ?

Solution : On distingue une toile d'araignée sur la pelle qui est posée sur le vélo. Mattéo a donc menti quand il affirme qu'il vient juste de le ranger dans la cabane.

Tu as remarqué, Clem ? Mattéo n'était pas en classe pour l'interro...
C'est bizarre, je l'ai pourtant vu ce matin !
Sortez-moi de là ! On m'a enfermé !
TOILETTES
C'est Mattéo !
Bouge pas, je vais chercher le surveillant.
C'est quoi cette histoire ? Qui est coincé dans les toilettes ?
TOILETTES
?
C'est Mattéo ! Quelqu'un l'a enfermé !
Enfin ! Ça fait deux heures que je tape à la porte !
On peut savoir qui l'a fermée ?
Je n'ai jamais vu une affaire pareille ! Heureusement que j'ai les clefs sur moi !
CLIC
CLAC
Je ne l'ai pas vu ! Je me lavais les mains quand j'ai entendu le verrou se fermer !
Il s'agit sûrement d'une mauvaise blague ! N'empêche, j'ai raté des heures de classe !
... Grml ! Et ça m'a fait perdre 10 minutes !
Grml Grml Grml Grml
Je crois surtout que Mattéo s'est trouvé une excuse bidon pour éviter l'interro !
Oh...
Léa est trop forte ! Comment a-t-elle deviné ?
Et toi, as-tu deviné pourquoi il s'agit d'une mise en scène ?
OCCUPÉ

Solution : On constate que le verrou des toilettes est fermé de l'intérieur (case 6), Mattéo s'est donc enfermé lui-même pour échapper à l'interro.

Mademoiselle Taduc, je veux que vous me fassiez l'inventaire du magasin aujourd'hui...
Mais... mais monsieur le directeur...
Je pensais justement descendre à la poste pour chercher un colis...
Rien du tout ! Je veux que vous me comptiez toutes les chaussures !
Bien, monsieur le directeur !
La belle espadrille
5
RENNES
TOURS
J'ai un rendez-vous avec un fournisseur. Je vous retrouve ce soir !
Allez, Marion, on a un sac à acheter...
Bien, monsieur le directeur !
Et le soir venu...
On a mis le temps, mais on a trouvé ce qu'on cherchait, Léa !
Il faut dire qu'on a passé tout l'après-midi à faire les boutiques...
Oh, écoute !
Quoi ?! L'inventaire n'est pas encore fini ? Mais qu'avez-vous fait pendant mon absence ?
J'ai travaillé, monsieur le directeur...
7
Regardez, ma voiture est toujours à la même place ! Je n'ai pas quitté le magasin !
Mouais !
Ce directeur est vraiment trop sévère...
Oui, mais je suis sûre qu'elle a pu aller chercher son colis !
Léa est vraiment trop forte ! Comment a-t-elle su que la vendeuse a menti ?

Solution : On peut remarquer que l'enjoliveur de la roue avant de la voiture n'est pas placé de la même façon entre la première et la sixième case. La jeune fille a donc menti lorsqu'elle a affirmé ne pas avoir pris le volant de la journée.

Il y a de la lumière dans le chalet...
Mattéo doit s'y trouver !
FROT FROT FROT
Les chalets des petits-suisses
Qu'est-ce que tu fais, Mattéo ? Je te cherche partout !
Euh...
Salut Léa !
Comme il a bien neigé cette nuit, on pourrait faire du ski tous les deux.
Tu sais, j'en ai justement fait toute la matinée et je suis hyper fatigué...
En plus, ça fait à peine cinq minutes que je suis rentré au chalet, alors maintenant j'aimerais bien jouer avec ma console !
Tu veux jouer avec moi ?
Je te parie ta console que tu n'as pas bougé d'ici depuis hier soir !
C'est pas possible ! Cette fille a un sixième sens !!!
GAME OVER
Non ! Léa est juste perspicace ! Et toi, as-tu trouvé les deux indices qui trahissent Mattéo ?

Solution : Si Mattéo revenait juste du ski, il aurait laissé des empreintes dans la neige sur le chemin menant à son chalet. Or il n'y en a pas (première case) ! De plus, ses chaussures de ski seraient humides, ce qui n'est pas le cas (troisième case).

Léa, j'ai trouvé cette lettre dans mon casier ! Malheureusement, elle n'est pas signée !
Fais voir, Arnaud...
BIP !
BIP !
Je ne sais pas qui c'est, mais je l'aime déjà !
Je lis...
Arnaud.
Je ne vois que toi et toi, tu ne me regardes pas. As-tu vu que je porte une barrette dans mes cheveux bruns et qu'il y a un rond rouge sur mon sweat?
1000 bisous
Ton inconnue
Hi ! Hi ! Hi !
Arnaud, la fille qui pense à toi est dans la cour et je sais qui c'est !
Alors je...
Yeah !
Argh !
?!?
Et toi, es-tu aussi observatrice que Léa ?

Solution : La fille qui correspond à la description de la lettre est à gauche de la grande case et elle porte des couettes en forme d'oreilles de lapin.

Léa est en classe de neige avec tous ses camarades collégiens. C'est chouette les vacances à la montagne: randonnées, escalades, ski, luge et concours de bonhommes de neige !
À toi de trouver le bonhomme de neige de Léa ! Il est de petite taille, porte une casquette, une écharpe jaune et bleue, une paire de lunettes et une carotte jaune sur le nez !
1
Le bonhomme de neige de Clem est grand, porte un chapeau melon sur sa tête, une écharpe violette et orange et tient un balai. Le vois-tu ?
6
Un cornet de glace, un os, un trognon de pomme, une boule de Noël et 5 balles de tennis sont cachées dans l'image.
Sept bonhommes de neige ont la même écharpe, les vois tu ?
5
7
Combien de bonhommes de neige ont une pomme de terre à la place du nez ?

Le bonhomme de neige de Marion porte un chapeau, des lunettes, une écharpe jaune et bleue et ne tient pas de balai.
3
C'est moi le meilleur !
Deux bonhommes de neige sont identiques. Où se cachent-ils ?
4
Combien de chapeaux melon peux-tu retrouver ?
8
Rendez-vous à la fin de l'album pour découvrir les réponses !

Salut, Mattéo, tu es revenu de vacances ? Entre !
Tu n'imagineras jamais où mes parents m'ont emmené, cet été !
À voir ton bronzage, je dirais que tu es allé dans le sud de la France...
Tu n'y es pas du tout !!!
Je reviens d'Afrique !
Waouh ! Quelle chance !
J'ai même traversé la jungle en jeep !
Il y avait des alligators et des araignées géantes ! Les plus mignons, c'était les singes et les koalas !
Tu dois avoir soif ! Je te sers quelque chose ?
Hop ! Deux verres de grenadine !
J'ai même aperçu un tigre ! Malheureusement, j'avais oublié mon appareil photo !...
Tu as surtout oublié que tu es nul en géographie ! Je sais que tu n'as jamais mis les pieds en **Afrique** !
Mince ! Comment a-t-elle deviné ?
Elle est trop forte !
Et toc !
SLURPS
Léa est trop forte, c'est sûr !
Mais comment a-t-elle démasqué Mattéo ?

Solution : Il n'y a ni tigres, ni koalas, ni alligators en Afrique ! Les premiers vivent en Asie, les deuxièmes en Australie et les troisièmes en Amérique et en Asie.

Léa !
?
Léa !
Je viens de découvrir l'entrée d'une grotte. Là-bas... Brrr...
Montre-moi ça !
Tu vois, Léa, c'est juste là !
Heureusement que j'ai pris une lampe torche avec moi !
Quelle aventure !
C'est immense ! Fais attention à toi, Mattéo !
Regarde, il y a plein de peintures préhistoriques !
Cette grotte va être plus célèbre que celle de Lascaux !
Et on en a exploré les moindres recoins.
Mattéo, nous ne sommes pas les premiers à être descendus ici ! Et puis je suis certaine que les dessins ne datent pas de la préhistoire !
Je ne serai jamais célèbre ! Mince !
Quels sont les deux indices que Léa a découverts ?

Solution : Deux indices trahissent l'authenticité des peintures. Dans la grande case, on peut voir une torche électrique oubliée. De plus, un dinosaure (stégosaure) est représenté sur le rocher, ce reptile a disparu longtemps avant l'apparition de l'homme.

J'adore les coulisses des cirques !
Plus tard, je serai dresseur de lion !
PHILIPPE
Au voleur ! On a dérobé la recette du spectacle de ce soir !
?
?
Je suis sorti à peine une minute de ma roulotte, et quelqu'un en a profité pour voler la caisse !
?
?
!
Comment c'est possible, ça ?
Vous avez des suspects ?
C'est le clown qui a fait le coup ! Il me déteste car je me moque souvent de lui !
D'ailleurs, il est resté près de ma roulotte toute la journée ! En plus, je sais qu'il a besoin d'argent !
?
Journal
Alors, comme ça, vous passez du rôle de pitre à celui de voleur ?!
Je ne comprends pas, monsieur le directeur ! Je lis tranquillement mon journal...
?
J'ai deux preuves que ce clown ment... Je suis sûre qu'il va vous rendre l'argent et que c'était juste une blague !
Mince !
Journal
?
Ah...
Quels sont les deux détails qui ont trahi le clown ?

Solution : Le clown affirme lire son journal alors que de la façon dont celui-ci est plié, il devrait le lire à l'envers. En fait, il surveille discrètement la roulotte du directeur. De plus, on peut apercevoir dans la première case que le baluchon est vide, alors que dans la cinquième case, le même baluchon semble plein. Comme si l'argent volé était dedans.

LES ÉNIGMES DE LÉO

ERROC LARBIER

EGALEMENT DISPONIBLE EN LIBRAIRIES !

LES ENIGMES DE LÉO

MINISTÈRE DE LA DÉFENSE INTERGALACTIQUE
MP
F.B.I
ACCUEIL
BONJOUR MADEMOISELLE !
VOUS ÊTES LES DEUX AGENTS DU FBI ? LE GÉNÉRAL STARNAZE VA VOUS RECEVOIR !
AAAH MESSIEURS, C'EST UNE CATASTROPHE !
ON A VOLÉ LA PILE ATOMIQUE XV42 !!!
?
ELLE N'EST PAS PLUS GROSSE QU'UN PETIT POIS MAIS C'EST UNE ARME ABSOLUMENT REDOUTABLE !
ÇA, ON VOUS FAIT CONFIANCE !
LA PILE ÉTAIT PROTÉGÉE PAR CETTE CAGE EN TITANE BIO-EXPANSÉ QUI N'A MÊME PAS ÉTÉ FORCÉE !
MAIS COMMENT LE VOLEUR A-T-IL BIEN PU LA SORTIR DE LÀ ?
?
QUI A ACCÈS À CETTE PIÈCE ?
À CETTE HEURE-CI, IL Y A JUSTE LES ROBOTS DE MÉNAGE...
BOUM
PCHH
FROT FROT
WWWWW
D'AILLEURS, ILS SONT ENCORE LÀ, VOYEZ...
RRRRRRR
RRRRRRRRRRRR
!
JE SAIS COMMENT ET PAR QUI CETTE PILE A ÉTÉ VOLÉE !
LE MONDE LIBRE EST SAUVÉ !
BEN VOYONS !
SOLUTION : LE VOLEUR EST LE ROBOT QUI PASSE L'ASPIRATEUR. IL A INTRODUIT LE TUYAU DANS LA CAGE ET A ASPIRÉ LA PILE !

SOLUTIONS DES JEUX

PAGES 12 ET 13

1. Il y a 50 triangles.
2. Les pièces semblables sont les pièces 1, 3 et 7.
3. La case recherchée se trouve en C-5.
4. Le dé identique au modèle est le dé C.
5. Les crayons ont été déposés dans l'ordre suivant : 1-6-2-7-9-8-4-3-5.
6. Le détective préféré de Léa est Rouletabille.
7. Les badges 4 et 20 sont identiques.
8. Je suis sûre que tu n'as pas besoin de solutions pour réussir cette énigme.
9. La phrase mystère est : "Bravo et bienvenue au club".

PAGES 24 ET 25

1. Il s'agit de la vignette E.
2. - Une fenêtre manque dans la tour du château.
   - La déchirure de la toile a disparu.
   - Il manque un buisson le long du chemin.
   - La bague de la Reine n'est plus la même.
   - Une perle de plus a été ajoutée à son collier.
   - La barette "cœur" n'est plus dans les cheveux.
   - Le nombre de pétales d'une fleur du chemisier est plus important.
3. La combinaison manquante est : I-K-J.
4. Par exemple : chaussette, cheval, cadre, couteau, coq, castelet, cowboy, coquille, corne, chat, chapeau, corde, carotte...
5. Tu les as tous trouvés ? Bravo ! Sinon, cherche mieux...
6. Le bon ordre est : D, E, C, A et B.
7. Les deux flèches parallèles sont les flèches 2 et 17.
8. Il manque 5 cases blanches et 9 cases noires.
9. C'est l'aiguille à coudre qui a disparu.

PAGES 34 ET 35

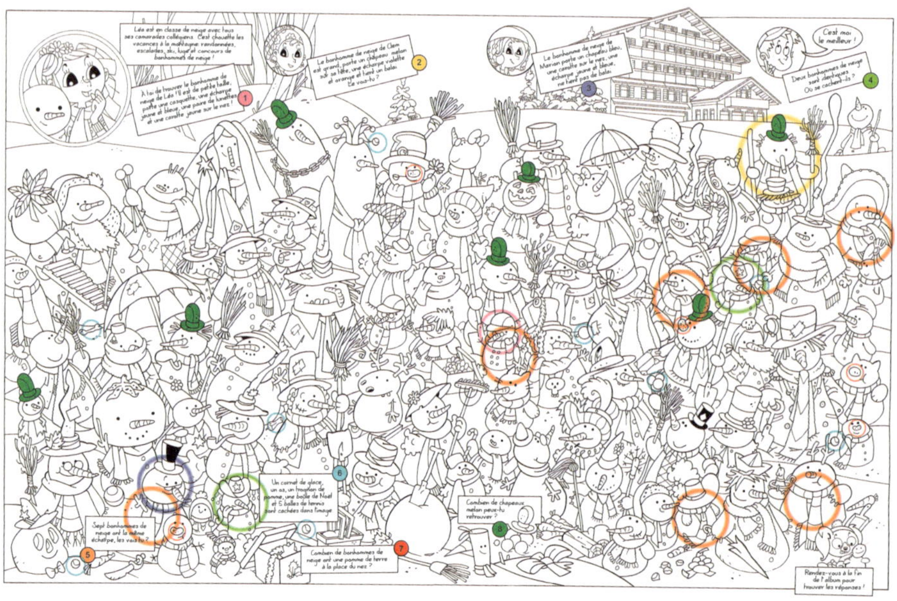

Aide-nous à prendre les bons chemins pour arriver au plus vite chez Mattéo ! La boum a déjà dû commencer !
IMPASS
Demi-tour !
TRAVAUX
Le chien pas content.
Grrr...